마음 한 줄, 쓰다

마음한줄, 쓰다

손으로 적고

마음에 새기는

힐링 라이팅 북

별글

별처럼 빛나는 글

청춘의 찬란함을 믿는다

사랑할수록 더욱 사랑스러운 사람이 된다

이 또한 지나가리라

과거는 바꿀 수 없지만 미래는 당신 손에 달렸다

청춘의 찬란함을
믿는다

청춘의 찬란함을

즐거운 일

앞일을 생각하는 건 즐거운 일이에요.
비록 이루어질 수 없다 해도 생각하는 건 자유거든요.
린드 아주머니는 말씀하셨어요.
"아무것도 기대하지 않는 사람은
아무런 실망도 하지 않으니 다행이지."
하지만 저는 실망하는 것보다
아무것도 기대하지 않는 쪽이 더 나쁘다고 생각해요.

《빨강머리 앤》 중에서

젊음의 가능성

오, 젊음, 젊음이여! 네게 불가능할 일이 무엇이냐?
너는 세상의 온갖 보화를 다 가진 듯하구나.
우수조차 너에게는 즐거움이 되고 슬픔조차 어울린다.
너는 자신만만하고 대담하다.
'보아라, 세상에는 나 하나뿐이다!' 하고 외치기도 한다.
하지만 젊은 날은 빠르게 흘러가 흔적 없이 사라진다.
햇빛을 받은 밀랍이나 눈처럼….
그 찬란함의 비밀은 어쩌면 무엇이든 할 수 있다는 가능성이 아닌,
무엇이든 할 수 있다고 믿는 가능성에 있는지도 모른다.

《첫사랑》 중에서

기회를 보는 눈

그대에게 유리한 기회가 없다고 하지 마라.
기회는 찾아오는 것이 아니라
발견하는 것이다.
모든 기회는 그것을 볼 줄 아는 사람이
나타날 때까지 잠자코 있다.

로렌스 굴드_ 미국의 지질학자, 교육자

진정한 성장

인생은 기쁨도 슬픔도 아니다.
인생은 그 두 가지를 종합해 나가는 과정이다.
커다란 기쁨은 커다란 슬픔을 일으키며
많은 슬픔은 많은 기쁨으로 통한다.
자신이 할 일을 발견하고 그 일에 신념을 가진 사람은 행복하다.

돈 있는 자는 자진하여 돈의 노예가 된다.
사람은 가치는 물론 진리를 척도로 삼는다.
그러나 사람은 그가 지닌 진리보다는
그 진리를 찾기 위해 맛본 곤란을 통해 성장한다.

토머스 칼라일_ 영국의 비평가

나를 위한 선물

화려한 보석만이 선물은 아니다.
유일한 선물은 나 자신의 한 부분이다.
그래서 시인은 자기 시를, 양치기는 어린 양을,
화가는 그림을, 농부는 곡식을,
그리고 처녀는 자기가 바느질한 손수건을 선물한다.

랠프 월도 에머슨_ 미국의 사상가, 시인

나무를 잘 기르면, 사람을 잘 기르면

나무를 잘 기르면
뿌리가 튼튼해지고 가지와 잎이 무성해져서,
큰 재목을 이룬다.
물을 잘 기르면 근원이 커지고 흐름이 길어져서
관개(灌漑)의 이로움이 널리 베풀어진다.
사람 역시 잘 기르면 관개의 이로움이 널리 베풀어진다.
사람을 잘 기르면 뜻과 기상이 커지고
식견이 밝아져서 충의로운 선비가 배출된다.

《경행록》 중에서

한 걸음

한 걸음이 당신을
그리 멀리 데려다 주는 것은 아니어도
당신은 계속 걸어야 합니다.

한마디 말로 당신을
다 설명할 수는 없어도
당신은 계속 말해야 합니다.

1인치가 당신을
크게 자라게 하지는 못하더라도
당신은 계속 자라야 합니다.

하나의 행동이
모든 것을 다르게 하는 것은 아니어도
당신은 계속 행동해야 합니다.

작자 미상

필요한 존재

우리는 두 발, 두 손, 양 눈꺼풀, 아래턱과 위턱처럼

서로 도우며 살도록 만들어졌다.

사람들은 자신이 갖지 못한 것을

보완하기 위해 서로를 필요로 한다.

마르쿠스 아우렐리우스_ 고대 로마 제국의 황제

내면의 행복

진정한 행복은 외적인 존재에 의해
만들어지지 않는다.
연못도 안부터 차오르지 않는가.
이처럼 행복은 내면의
생각과 감정에 의해 만들어진다.

윌리엄 라이언 펠프스_ 미국의 작가, 비평가

다른 사람을 대하는 법

남이 부치는 편지를 뜯어 보거나 전하기를 지체해서는 안 되며,

남과 있으면서 그의 개인적인 글을 엿보면 안 되며,

남의 물건을 빌렸을 때 손상시키거나 돌려보내지 않으면 안 되며,

남과 있으면서 자기의 편리만을 취하지 말며,

남의 부귀를 부러워하거나 헐뜯지 마라.

이 몇 가지 일을 지키지 못하는 자가 있다면,

족히 그 마음 씀이 바르지 못함을 알 수 있으며,

마음을 바르게 하고, 몸을 닦는 데 큰 해가 있을 것이다.

《명심보감》 중에서

신성한 호기심

아름다운 질문을 하는 사람은 언제나 아름다운 대답을 얻는다.
질문을 중단하지 않는 것이 중요하다.
호기심이 꼭 필요한 이유는 이 때문이다.
사람들이 영원성, 인생, 실제의 놀라운 구조에 대해 묵상할 때마다
경외감에 빠지는 것은 어쩔 수 없는 일이다.
만일 어떤 사람이
매일 이 신비로움의 아주 작은 부분이라도 이해하려 한다면
그것으로 충분하다.

절대로 신성한 호기심을 잃지 마라.

아인슈타인_ 독일의 물리학자

산을 정복하는 사람

구하면 얻지 못할 것이 없다.
그러나 젊은 사람들은 이 점을 잘 모르고
열린 감이 입으로 떨어지기만을 기다리고 있다.
희망은 산과 같아서
단단히 마음먹고 떠난 사람들은 모두 산꼭대기에 도착할 수 있다.

산은 올라가는 사람에게만 정복된다.
그러므로 마음을 기쁘게 하면
온갖 해를 막고 오래 살 수 있다.

셰익스피어_ 영국의 극작가

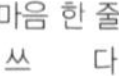

성공을 마음속에 간직하라

자신이 성공하는 모습을 마음속에 명확히 그려라.
지울 수 없게 각인시켜라.
이 그림을 끈질기게 간직하라.
절대 희미해지도록 내버려두지 마라.
당신의 마음이 이 그림을 실현하기 위해 노력할 것이다.
당신의 상상 속에 어떠한 장애물도 두지 마라.

노먼 빈센트 필_ 미국의 목사, 처세술 전문가

자넨 계속 날아오르고 있어

자네를 날게 만드는 도약은 누구나 갖고 있는
인류의 크나큰 재산이지.
하지만 그건 누구에게나 두려운 일이기도 해.
끔찍하게 위험한 일이니깐!
그래서 대부분의 사람은 날기를 포기하고
차라리 정해진 규정에 따라
보행자의 길로 걷는 거야.
하지만 자넨 그렇지 않아.
자넨 계속 날아오르고 있어.
씩씩한 청년에게 어울리는 방식이지.
그리고 보라고.
자넨 차츰 스스로 날기를 통제할 수 있다는
그 경이로움을 발견하고 있어.
섬세하고도 작은 독자적인 힘, 하나의 신체기관,
하나의 방향키가,
그 거대한 보편적인 힘을 향해 나아가는 걸 말이지.

《데미안》 중에서

당신 손에 할 일이 있기를

당신 손에 언제나 할 일이 있기를.

당신 지갑에 언제나 한두 개의 동전이 남아 있기를.

당신 발 앞에 언제나 길이 나타나기를.

바람은 언제나 당신의 등 뒤에서 불고

당신의 얼굴에는 해가 비치기를.

이따금 당신이 걷는 길에 비가 내리더라도

곧 무지개가 뜨기를.

적을 만드는 데는 느리고

친구를 만드는 데는 빠르기를.

이웃은 당신을 존중하고

불행은 당신을 알은체도 하지 않기를.

당신이 죽은 것을 악마가 알기 30분 전에

이미 당신이 천국에 가 있기를.

앞으로 겪을 가장 큰 슬픔이

지금까지 겪은 가장 큰 행복보다 더 낫기를.

그리고 신이 늘 당신 곁에 있기를.

_ 켈트족의 기도문

성실한 인생

만약 어떤 목표 없이 허송세월한다면
단 하루도 인생의 존귀함을 깨닫지 못할 것이다.
인생이 무엇인가?
어떠한 설명보다도, 성실한 태도로 사는 사람들을 보면
저절로 알 수 있는 것이 인생이다.
먼저 아침 식사 때에 감사하며 조용히
자기의 성실을 자각할 수 있어야 한다.
인생은 흘러가는 것이 아니고
성실로써 이루어 가는 것이다.
하루하루를 무심히 보내지 말고,
주어진 하루를 내가 가진 것으로 채워 가야 한다.

존 러스킨_ 영국의 비평가

미소의 힘

미소는 주는 사람을 가난하게 하지 않으면서도
받는 사람을 넉넉하게 해 준다.
그것은 아주 짧은 순간에 일어나지만
그 기억이 때론 영원할 수 있다.
미소는 가정에서 행복을 만들고,
일을 하며 서로에게 호감을 주고 우호적인 관계임을 확인시킨다.
미소는 지친 사람에게 휴식이고, 낙심한 사람에게 햇빛이고,
슬픈 사람에게 양지이며, 문제를 해결하는 최상의 방법이다.
그러나 이것은 살 수도 없고,
구걸할 수도, 빌릴 수도, 훔칠 수도 없다.
그것은 주어야 비로소 아름다워지는 신비한 것이다.

데일 카네기_ 미국의 작가, 강사

진실

어떤 일에서든 진실하라.
진실한 것이 더 손쉬운 법이다.
어떤 일이든
거짓으로 해결하는 것보다는
진실하게 해결하는 편이
보다 빠르게 처리된다.

남에게 거짓말하면
해결이 더욱 어려워질 뿐이다.
그러나 그것보다 더 나쁜 것은
겉으로는 진실한 체하며
자기 자신에게 거짓말을 하는 것이다.
그것은 결국
그 사람의 인생을 망치게 할 것이다.

톨스토이_ 러시아의 작가

어진 사람

어진 사람은 마음이 너그러워

복이 두텁고 기쁜 일이 오래가며

일마다 시원스러운 양상을 이룬다.

인색한 사람은 마음이 좁고 급하여

복이 박하고 은택도 짧으며

일마다 절박한 꼴을 당한다.

《채근담》 중에서

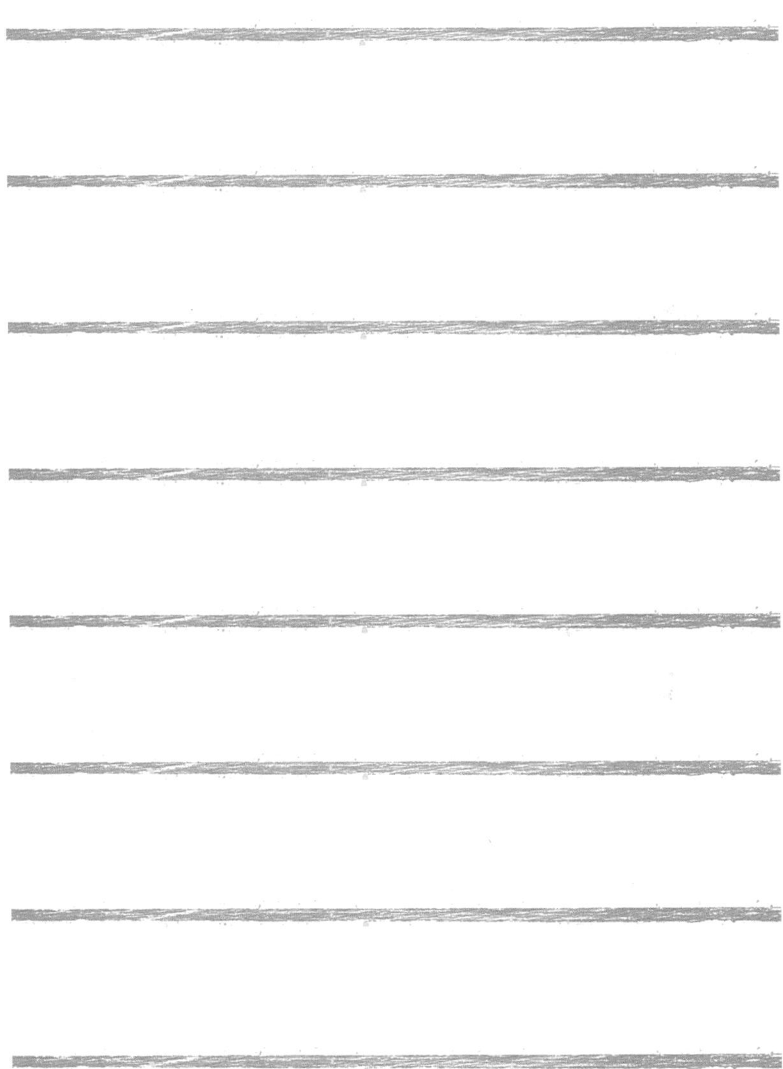

청춘의 찬란함

내 청춘의 찬란함을 믿는다.
어떤 수식어도 필요 없을
내 청춘의 찬란함을 믿는다.
가장 뜨겁고 아름다운 청춘이길.
조그만 감정에도
가슴 뛰는 청춘이길.
커다란 감정에도
함부로 흔들리지 않는 청춘이길.

헤르만 헤세_ 독일의 작가

자신에게 알맞는 행복

"많은 사람은 자기보다 높은 곳에서 혹은 낮은 곳에서 복을 구한다.
그러나 복은 사람과 같은 높이에 있다"던가.
따라서 모든 사람에겐 그 키에 알맞은 행복이 있다는 뜻이네.
이즈음의 내 행복도 그렇다네.
나는 내 키를 열심히 재고 있다네.
자네도 알겠지만 사람의 키란 늘 같은 게 아니라서 말일세.
인간의 영혼이란 기후, 침묵, 고독,
함께 있는 사람에 따라 눈부시게 달라질 수 있네!

《그리스인 조르바》 중에서

시작의 중요성

무슨 일이든지 시작이 중요하다네.
특히 어린이나 젊은이들에게는 더욱 그렇지.
왜냐하면 이 시기에 인격이 형성되기 때문이네.
그때 받은 인상은 그들에게 무척 선명하게 남을 테니까.
이 사실을 알면서도 보잘것없는 사람들이
꾸며낸 이야기를 어린이들에게 마구 들려줄 수 있겠는가?
그리고 어린이들이 한창 자라는 시기에
본의 아니게 터무니없는 사상을 그들의 마음속에 심어 넣어도 좋은가?
우리의 목적이 이루어졌을 때
젊은이들은
아름답고 건강한 땅위에서
살아가게 될 것이며,
만물 가운데서 '선(善)'을 찾게 될 걸세.
결국 훌륭한 작품이 주는 아름다움이란
맑고 신선한 공기를 휘몰고 와서 건강을 안겨 주는 바람처럼,
그들의 귀와 눈을 적셔
어려서부터
이성의 진정한 아름다움에 호감을 갖게 할 걸세.

《국가론》 중에서

운명을 여는 열쇠

사람은 대개 자기의 운명을 스스로 만들어 간다.

운명이란 외부에서 오는 것 같지만,

알고 보면 자신의 약한 마음, 게으른 마음,

성급한 버릇 같은 것들에서 비롯된다.

어진 마음, 부지런한 습관, 남을 도와주는 마음,

이런 것들이야말로 좋은 운명을 여는 열쇠다.

운명은 용기 있는 사람 앞에서는 약하고,

비겁한 사람 앞에서는 강하다.

세네카_ 고대 로마의 철학자

연습, 또 연습

매일 정신이 아득할 정도로 많은 시간을 연습에 쏟고 나면
다른 선수들에게는 없는 이상한 능력이 생긴다.
투수가 공을 던지기 전부터
그 공이 커브인지 직구인지를 알게 되는 것이다.
그리고 날아오는 공이 수박 덩어리처럼 크게 보이기 시작한다.

행크 아론_ 미국의 야구 선수

많은 것에 연연하지 마라

누구에게도 많은 것을 기대하지 말 것,
그리고 질투하지 말 것,
사랑하면 곁에 머물 것이고,
아니면 떠나는 것이 사람의 인연이다.
그러니 많은 것에 연연하지 마라.
그리고 항상 배우는 자세를 잊지 말고
자신을 아껴라.

비비안 웨스트우드_ 영국의 패션 디자이너

사랑할수록 더욱
사랑스러운 사람이 된다

진정한 우정

친구에게 기쁜 일이 생겼을 때는 한발 늦게 찾아가고,
슬픈 일이 생겼을 때는 한발 먼저 찾아가는 것이
진정한 우정이다.
시간이 남아서가 아니라
아무리 바빠도 시간을 같이 보낼 수 있는 친구여야 한다.

우정을 위해 모든 것을 버릴 수 있어야 한다.
그것이 진정 순수한 사랑과 우정이다.
우정과 사랑은 인간관계를 넘어서
영혼의 교감이며 삶의 동반이기 때문이다.

죽음을 맞이할 때
친구와의 헤어짐을 슬퍼할 것이 아니라
다시 만날 그리움을 먼저 생각해야 한다.
한 번 맺은 우정은 이 세상이 다해도
끝없이 이어질 인연이기 때문이다.

칼릴 지브란_ 레바논의 철학자, 작가

현명해지는 길

남이 한 번 만에 잘하거든
백 번을 하고
남이 열 번 만에 잘하거든
천 번을 하라.
이것을 잘하면 비록
어리석더라도 반드시 현명해지며
유약하더라도 반드시 강해진다.

《중용》 중에서

있는 모습 그대로

이봐, 우리 두 사람은
해와 달, 바다와 육지처럼 떨어져 있는 거야.
우리의 목표는 상대방의 세계로 들어가는 것이 아니라
서로를 인식하는 거야.
상대방을 있는 그대로 지켜보고 존중해야 한단 말이야.

《나르치스와 골드문트》 중에서

슬픔을 지니지 않았다면

당신이 슬픔이나 회한 같은 걸
하나도 지니지 않은 여자였다면,
나는 이토록 당신을 사랑하지 않았을 거요.
나는 한 번도 발을 헛딛거나 낙오하지 않고
오류를 범하지 않는 그런 사람을 좋아할 수가 없소.
그런 사람의 미덕이란 생명이 없는 것이며
따라서 아무 가치도 없는 것이니까.
그런 사람은 인생의 진정한 아름다움을 보지 못한단 말이오.

영화 〈닥터 지바고〉 중에서

빛과 어둠

나는 빛을 사랑할 것이다.

빛이 나에게 길을 보여 주기 때문에.

그러나 나는 어둠도 참아 낼 것이다.

어둠이 나에게 별들을 보여 줄 테니까.

오그 만디노_ 미국의 작가

길들인다는 것

네가 날 길들인다면

내 삶은 햇빛을 받은 것처럼 밝아질 거야.

다른 발자국 소리와는 다르게 들릴

너의 발자국 소리를 알게 될 거야.

다른 발자국 소리가 들리면 나는 땅속으로 숨을 거야.

네 발자국 소리는 음악처럼

날 굴 밖으로 불러낼 거야.

네가 날 길들인다면 정말 신날 거야.

네 머리칼처럼 밀도 금빛이기 때문에

밀은 너를 기억하게 해 줄 거야.

그래서 밀밭을 스치는 바람소리까지

사랑하게 될 거고.

《어린왕자》 중에서

내가 그 일을 할 수 있어 기뻤다

'해 주었다'가 아니다.

저 사람을 위하여 그 일을 '해 주었다'라는

생각이 들면 스스로에게 이렇게 말해 보자.

'내가 그 일을 할 수 있어 기뻤다'라고.

스즈키 히데코 _ 일본의 로마 가톨릭 수녀

사랑할수록

사랑할수록 더욱 사랑스러운 사람이 된다.
사랑은 친절을 낳고, 존경을 끌어내며,
긍정적인 태도를 갖게 만들 뿐 아니라
기쁨, 평화, 아름다움, 조화를 가져다준다.

스태니슬라우스 케네디_ 아일랜드의 가톨릭 수녀, 작가

서로를 돌아보라

우리의 짧고 덧없는 삶을
살 만하게 만드는 건,
고립된 모습에서 벗어나 손을 뻗어
서로에게서 그리고 서로를 위해서
힘과 위안과 온기를 발견하는 능력이다.

마사 베크_ 미국의 라이프 컨설턴트, 칼럼니스트

우리 힘으로

사람들에게 가라.

그들 가운데 살라.

그들로부터 배우라.

그들을 사랑하라.

그들이 알고 있는 것에서 시작하여

그들이 갖고 있는 것들 위에 세우라.

그러나 가장 훌륭한 지도자는 그들의 일이 성취되었을 때,

그들의 일이 완수되었을 때,

사람들로 하여금

"우리 힘으로 이 일을 해냈다"라고 말하게 한다.

_중국의 시

사랑하고 사랑받는다는 것

사랑하고 사랑받는다는 것은 양쪽에서 태양을 쪼이는 것과 같다.
서로의 따스한 볕을 나누어 주는 것이다.
그리고 그 정성을 잊지 않는 것이다.
우리는 서로에게 태양이 되자.
그리하여 영원히 마주보며 비추어 주자.

그대의 운명을 사랑하라.
어떤 운명이든지
두 개의 얼굴을 가지고 있다.
한쪽 얼굴은 어둡고 우울하며
다른 한쪽은 따뜻하고 밝다.
어두운 얼굴을 가리고 밝은 얼굴을 택하여
그것만을 눈 여겨 바라보아라.
그것이 험한 운명의 바다를
노 저어 가는 항해술이다.

앨런 코헨_ 미국의 칼럼니스트

믿음

내 기대가 그에게 족쇄로 채워져서는 안 된다.

내 사랑이 그를 가둬 버리면 안 된다.

내 꿈이 사랑하는 이를 짓누르는 수레바퀴가 되어서는 안 된다.

그에 대한 믿음으로 그에게 자유를 주라.

내가 할 일은 그를 짓누르는 수레바퀴를 치워 주는 것이다.

《수레바퀴 아래서》 중에서

오직 사랑

우리는 어디에서 태어났는가.
사랑에서.
우리는 무엇으로 자기를 극복하는가.
사랑으로.
우리를 항상 결합시키는 것은 무엇인가.
사랑.

요한 볼프강 폰 괴테_ 독일의 작가

하나의 색으로 칠해진 그림은 없다

우리의 목적은 서로 다른 사람이 되는 것이 아니다.
서로 다른 개성을 지닌 사람으로
인정해 주는 것이 중요하다.
그가 하는 일을 보고 그를 존중하고
각각의 다른 사람들을 보고 배우는 일이 중요하다.

이 세상에 같은 사람은 단 한 명도 없다.
서로 다른 성격과 개성을 지닌 사람을 통해
내가 가지지 못한 부분을 배울 수 있다.
하나의 색으로만 칠해진 그림은 어디에도 없다.
수많은 색채가 어울려 하나의 명작을 만들어 낸다.

헤르만 헤세_ 독일의 작가

이런 사람이 좋다

그리우면 그립다고 말할 줄 아는 사람이 좋고
불가능 속에서도 한줄기 빛을 보기 위해 애쓰는 사람이 좋다.
다른 사람을 호탕하게 웃길 줄 아는 사람이 좋고
화려한 차림이 아니더라도 편안함을 주는 사람이 좋다.
바쁜 가운데서도 여유를 누릴 줄 아는 사람이 좋고
어떠한 형편에서든 자기 자신을 지킬 줄 아는 사람이 좋다.
어린아이와 어른들에게 좋은 말벗이 되는 사람이 좋다.
철 따라 자연을 벗 삼아 여행할 줄 아는 사람이 좋고
손수 커피 한 잔을 끓일 줄 아는 사람이 좋다.

이웃을 돌아볼 줄 아는 사람이 좋고
다른 사람의 자존심을 지켜 줄 줄 아는 사람이 좋다.
때에 맞는 적절한 말 한마디로 마음을 녹일 줄 아는 사람이 좋고
외모보다는 마음을 읽을 줄 아는 눈을 가진 사람이 좋다.
용서를 구하고 용서할 줄 아는 넓은 마음을 가진 사람이 좋고
새벽 공기를 좋아해 일찍 눈을 뜨는 사람이 좋다.
적극적으로 살아가는 사람이 좋고
자기 자신에게 자신감을 가질 줄 아는 사람이 좋고
어떠한 형편에서든 자족할 줄 아는 사람이 좋다.

헨리 나우웬_ 네덜란드의 작가

소중한 사람

누군가가 우리에게
고개를 한번 끄덕여 주는 것만으로도
우리는 미소를 지을 수 있다.
또 언젠가 실패했던 일에
다시 도전해 볼 수도 있는 용기를 얻게 되듯,
소중한 누군가가
우리 마음 한 구석에 자리 잡고 있을 때
우리는 그 어느 때보다
밝게 빛나며,
활기를 띠고,
자신의 일을 쉽게 성취해 나갈 수 있다.

카렌 케이시_ 미국의 수필가

사랑을 주기 전에는

종은 누군가 울리기 전에는
종이 아니다.
노래는 누군가 부르기 전에는
노래가 아니다.
당신 마음속에 있는 사랑도
한쪽으로 치워 놓아서는 안 된다.
사랑은 주기 전에는
사랑이 아니니까.

오스카 햄머스타인_ 미국의 극작가

칭찬의 힘

타인에게서 가장 좋은 점을 찾아내
그에게 이야기해 주라.
우리는 타인의 칭찬 속에 자라 왔다.
그리고 그것이 우리를 더욱 겸손하게 만들었다.

사람은 누구나 근본적으로 위대하고 훌륭하다.
누군가를 아무리 칭찬한다 해도 지나치지 않다.
타인 속에 있는 위대함과 아름다움을
발견하는 눈을 기르라.
그리고 그것을 찾아내는 대로
이야기해 줄 수 있는 힘을 기르라.

메리 헤스겔_ 미국의 교육자

사랑 안에서 누리는 쉼

사랑에는 공식이 없다.

그것은 그저 있는 것이다.

함께 나눈 많은 추억과 힘든 시간들,

불화, 화해 그리고 마음의 격동….

나무 하나를 심었다고 해서

어찌 금세 그 그늘 아래서 쉴 수 있으랴.

사랑 안에서 쉬기 위해서도

많은 인내가 필요하다.

사랑이 무성한 잎을 드리울 때까지.

생 텍쥐페리_ 프랑스의 작가

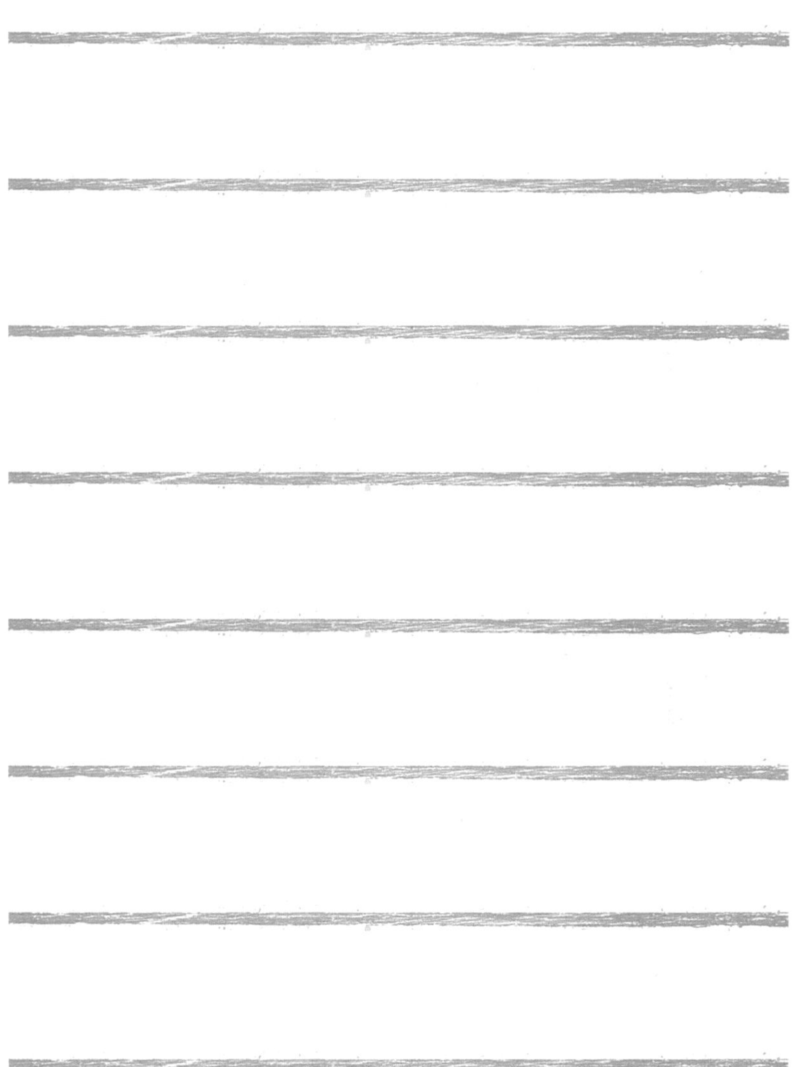

함께 있되 거리를 두라

함께 있되 거리를 두라.
그래서 하늘 바람이 너희 사이에서 춤추게 하라.
서로 사랑하라.
그러나 사랑으로 구속하지는 마라.

서로의 잔을 채워 주되
한쪽 잔만 마시지 마라.
서로의 빵을 주되
한쪽 빵만 먹지는 마라.

함께 노래하고 춤추며 즐거워하되
서로는 혼자 있게 하라.
마치 현악기의 줄들이
하나의 음악을 울려도
줄은 서로 혼자이듯.

함께 서 있으라.
그러나 너무 가까이 서 있지는 마라.

사원의 기둥들도 서로 떨어져 있고
참나무와 삼나무는
서로의 그늘 속에서는 자랄 수 없다.

칼릴 지브란_ 미국의 시인, 화가

가정을 다스리는 법

가족에게 잘못이 있으면 크게 화내지도,
가볍게 보아 넘기지도 마라.
잘못을 깨우쳐 주기 어렵다면
비유로서 깨닫게 하라.
오늘 깨닫지 못하면 다시 내일을 기다려 훈계하라.
봄바람이 언 땅을 녹이고 온기가 얼음장을 녹이듯 하라.
그것이 가정을 다스리는 방법이다.

《채근담》 중에서

부부의 도

부부는 인간된 도리의 시작이자

모든 복의 근원이다.

비록 지극히 친하고 가깝다 해도

지극히 바르고 지극히 정중하게

대해야 하는 자리이다.

이황_ 조선 시대의 문신, 학자

함께한다는 것

사람은 곁에서 누군가가 함께 있어야
심신이 건강해지는 존재다.
함께 밥을 먹든지 얘기하든지, 잠자든지.
그렇지 않으면 자주 아프고 서글퍼져
몸과 마음에 구멍이 생긴다.
서로 목표나 생각이 조금씩 달라도
나 혼자가 아니구나 하는 위로가 필요하다.
그렇게 함께함으로써
마음에 쌓인 고단함이 사라진다.

누군가를 만났고 알았다는 기쁨이야말로
가치 있는 감정이다.

인생은 짧고 우리 여행 동반자들을
기쁘게 해 줄 시간은 많지 않다.
그러니 민첩하게 사랑하고 서둘러 친절하라.

헨리 프레데릭 아미엘_ 스위스의 철학자

허영과 오만

허영심과 오만은
흔히 비슷한 뜻으로 쓰지만 별개의 것이야.
오만하지만 허영은 없는 사람도 있어.
오만은 자기가 자신을 어떻게 생각하느냐에 뿌리를 두고,
허영은 남이 나를 어떻게 볼까 하는 생각에
뿌리를 두기 때문이지.

《오만과 편견》 중에서

첫사랑

유일할 것 같던
사랑이 끝나면
다른 사랑이 오고,
그 사랑이 끝나면
또 다른 사랑이 온다.
그렇게 우리의 삶은 지속된다.
하지만,
아무리 많은 사랑을 한대도
절대로 돌아오지 않는
사랑도 있다.
누가 돌려줄 것인가.
그 아름다운 날을.
첫사랑의 그날을.

《파우스트》 중에서

이 또한
지나가리라

고통이 찾아온 이유

누구나 고난을 맞아 비틀거려요.
그때 실패에게 물어보세요.
"무엇을 가르쳐 주려고 이 고통이 나에게 왔을까?"
교훈을 얻었다면 여러분은 발전한 것입니다.
만약 진정한 가르침을 얻었다면 여러분은 그 고난을 이수했으니
재수강할 필요가 없습니다.
만약 깨닫지 못했다면 다른 길에서 반드시 나타날 겁니다.
보충할 숙제를 내 주기 위해서죠.

오프라 윈프리_ 미국의 방송인

이것 또한 지나가리라

큰 슬픔이 거센 강물처럼 네 삶에 밀려와
마음의 평화를 산산조각 내고
가장 소중한 것들을 네 눈에서 영원히 앗아갈 때면
네 가슴에 대고 말하라.

'이것 또한 지나가리라.'

끝없이 힘든 일들이 닥쳐
네 감사의 노래를 멈추게 하고
기도하기조차 지칠 때면
이 진실의 말로 하여금
네 마음에서 슬픔을 사라지게 하고
힘겹고 무거운 짐을 벗어나게 하라.

'이것 또한 지나가리라.'

행운이 너에게 미소 짓고
하루하루가 환희와 기쁨으로 가득 차
근심 걱정 없는 날들이 스쳐갈 때면
세속의 기쁨에 젖어 안식하지 않도록
이 말을 깊이 생각하고 가슴에 품어라.

'이것 또한 지나가리라.'

랜턴 윌슨 스미스_ 미국의 시인

가장 나답게

나를 둘러싼 장애들을
뛰어넘지 못할 때마다
부모나 사회 탓으로 돌리지 말고
가장 나답게
자신의 인생을 뛰어넘어야 한다.
그것이 진정 내 삶의 주인으로
사는 법이다.

센다 타쿠야_ 일본의 기업가

계속 노력하면

열심히 노력하다가 갑자기 나태해지고

잘 참다가 조급해지고 희망에 부풀었다가

절망에 빠지는 일을 또다시 반복하고 있다.

그래도 계속해서 노력하면 수채화를 더 잘 이해할 수 있겠지.

그게 쉬운 일이었다면 그 속에서

아무런 즐거움도 얻을 수 없었을 것이다.

그러니 계속해서 그림을 그려야겠다.

빈센트 반 고흐_ 네덜란드의 화가

고뇌가 주는 유익

우리는 고뇌에 한탄한다.
하지만 그 어떤 고뇌도
반드시 우리에게 이익이 된다.
우리는 아이가 성장할 때나 종기가 곪을 때처럼,
종종 찾아오는
육체적 고통이 이익이 된다는 사실을 알고 있다.
하지만 때로는 육체적, 정신적 고통이 가져다주는
이익을 모르는 경우도 있다.
즉, 모든 고뇌가 우리에게 선을 행한다는 사실,
우리가 보다 나은 인간이 되고,
신에게 더욱 다가가는 일에 도움이 된다는 사실을
깨달으려 하지 않는 것이다.

톨스토이_ 러시아의 작가

장미가 피기까지

인생은
어두운 꿈은 아니랍니다.
때로 아침에 조금 내린 비가
화창한 날을 예고하거든요.
소나기가 와서 장미가 핀다면
소나기 내리는 걸 왜 슬퍼하죠?

슬픔이 승리하여
희망을 짓누르는 것 같으면 또 어때요?
희망은 쓰러져도 꺾이지 않고
다시 일어서거든요.
그 금빛 날개는 여전히 활기차
힘 있게 버텨 주죠.

씩씩하게, 그리고 두려움 없이
시련의 날을 견뎌내 줘요.
영광스럽게, 그리고 늠름하게
용기는 절망을 이겨 낼 수 있을 거예요.

샬럿 브론테_ 영국의 작가

거센 물결에 휩쓸릴 때

때론 삶이라는 거센 물결에 휩쓸려
우리가 지니고 있던
각진 모서리를 잃게 되는데,
그건 좋은 일일 수도 있다.
새로운 모습으로
거듭난다는 건 멋진 일이니까.

대니얼 고틀립_ 미국의 심리학자

불행을 이겨 내는 첫걸음

사실이 이미 그러하다는 것을
즐겁게 인정하라.
이미 일어난 사실을 받아들이는 것은
그로 인해 생기는 불행을
이겨 낼 수 있는 첫 발걸음이다.

윌리엄 제임스_ 미국의 심리학자, 철학자

가치 있는 고난

고난도 가치다.
고난이 어째서 가치냐고 반문할지도 모르겠다.
사실 불행을 견뎌 낼 능력이 없는 자에게
고난은 가치가 아닐 것이다.
그러나 그것을 견뎌 낼 만큼 충분히 강한 자는
고난을 통해 스스로 강해진다.

또한 고난은 도덕성의 시련이다.
그것은 깊은 도덕적 능력을 일깨우는 촉매제 구실을 한다.
우리는 고난을 통해 자신의 마음의 깊이뿐 아니라
남의 마음의 깊이도 알게 된다.
아니, 인생 전체의 깊이까지 알게 된다.
가치를 판단하는 눈이 확장되고 예민해진다.
고난을 통해 인격이 높아짐과 동시에
행복을 누리는 능력도 커진다.
위대한 고난을 거친 뒤에 얻는 엄청난 기쁨과 행복.
그가 스스로 취한 것은 고난이었는데,
구하지 아니한 행복이 그에게 주어진다.

《윤리학》 중에서

모든 일은 지나간다

세상일은 다 지나가게 마련이다.

내가 성공에 우쭐거릴 때도,

가난에 얽매여 있을 때도,

그렇게 모든 게 지나가고 말진대,

어찌 오늘 근심에 싸여 있을까.

오노레 드 발자크_프랑스의 작가

나를 극복하는 순간

집안이 나쁘다고 탓하지 마라.
나는 아홉 살 때 아버지를 잃고 마을에서 쫓겨났다.
가난하다고 말하지 마라.
나는 들쥐를 잡아먹으며 연명했고
목숨을 건 전쟁이 내 직업이고 내 일이었다.
배운 게 없다고, 힘이 없다고 탓하지 마라.
나는 내 이름을 쓸 줄 몰랐으나 남의 말에 귀 기울이면서
현명해지는 법을 배웠다.
너무 막막하다고, 그래서 포기해야겠다고 말하지 마라.
나는 목에 칼을 쓰고도 탈출했고
뺨에 화살을 맞고 죽었다 살아나기도 했다.

적은 밖에 있는 것이 아니라 내 안에 있었다.
나는 내게 거추장스러운 것은 모두 없애 버렸다.
나를 극복하는 그 순간,
나는 칭기즈칸이 되었다.

칭기즈칸_ 몽골 제국의 황제

등산의 기쁨

등산의 기쁨은 정상에 올랐을 때 가장 크다.
그러나 내 최상의 기쁨은
험악한 산을 기어 올라가는 순간에 있다.
길이 험하면 험할수록 가슴이 뛴다.
인생에 있어서
모든 고난이 자취를 감췄을 때를 생각해 보라.
그 이상 삭막한 것은 없으리라!

프리드리히 빌헬름 니체_ 독일의 철학자

우선 감사하라

괴로운 일에 부딪쳤을 때

우선 감사할 가치가 있는 것을 찾아서

그것에 충분히 감사하라.

그러면 마음에 평온함이 찾아오고

기분이 가라앉으며

어려운 일도 견디기 쉽다.

쇼펜하우어_ 독일의 철학자

생각의 차이

지금 슬프고 괴로울지라도
이렇게 생각하라.
'지금 내가 당하는 괴로운 일은
앞으로도 있을 것이고
또 다른 사람도 당하는 일이다.'
또 이렇게 생각하라.
'이런 것은 오늘 처음 겪는 괴로움이 아니고
과거에도 있었던 일인데, 다만 지금은
다 잊고 무심해졌을 뿐이다.'

괴롭고 슬픈 일을 만나도
단지 하나의 시련일 뿐이라고 생각하라.
쇠는 뜨거운 불에 달구어야 강해진다.
그대도 지금 당하는 시련으로
더욱 굳센 마음이 될 것이다.

아우렐리우스_ 고대 로마 제국의 황제

삶에서 정말 필요한 것

사람들은 가장 소중한 것은 빼놓고
쓸데없는 것들만 생각한다.
춤, 음악, 노래, 집, 재산, 권력을 생각하고
부자와 왕을 시샘한다.
하지만 그런 것들이 인간다운 삶에서
정말 필요한지는 생각지 못한다.

사람들은 외부에서 일어난
죄악이나 잘못에는 크게 분개하면서도
자신이 저지른 죄악이나 잘못에 대해서는
분개하지도, 싸우려고도 하지 않는다.
사람들은 자신에 관해서는 좀처럼 모르기 때문에
건강한데도 죽어 가는 듯 생각하고
죽어 가고 있는데도 건강하다고 생각한다.

블레즈 파스칼_ 프랑스의 심리학자

바꿀 수 없는 과거

벌써 될 대로 되어 버렸다.
돌이킬 수 없는 불행한 사고 뒤에
조금만 주의했더라면 사고를 막을 수 있었을 것이라는
등의 생각에 몸과 마음을 괴롭게 해서는 안 된다.
이와 같은 생각이야말로 고통을 크게 하며
비관에 파묻히는 결과를 낳고 만다.
그러므로 이미 바꿀 수 없는 과거는 빨리 잊도록 하자.
오히려 그것을 디딤돌로 삼아 더 멀리 뛰자.

쇼펜하우어_ 독일의 철학자

실수에서 배우다

실수를 저질렀을 때 오래 뒤돌아보지 마라.
그 대신
실수의 원인을 마음에 잘 새기고 앞을 내다보라.
실수는 지혜의 가르침이다.
과거를 바꿀 수는 없지만
미래는 당신 손에 달렸다.

휴 화이트_ 호주의 작가, 교수

후추와 사탕

'부엌에 절대로 후추를 두지 않을 거야.
후추가 없이도 맛있는 수프를 만들 수 있어.
사람들을 매섭게 만드는 건 후추일지도 몰라.'
앨리스는 새로운 사실을 알게 되어
너무 기쁜 나머지 생각을 계속 이어 갔다.

'식초는 사람들을 눈꼴시게 만들고,
약은 사람들을 씁쓸하게 만들어.
사탕 같은 것은 아이들을 달콤한 성격으로 만들어 주지.
사람들이 이 사실을 알면 좋을 텐데.
그러면 사탕 같은 것에 그렇게 엄하게 굴지 않을 거야.'

《이상한 나라의 엘리스》 중에서

내일의 가치

내일은 인생에서 가장 중요한 날이다.
자정이 되면 내일은 매우 깨끗한 상태로
우리에게 다가온다.
매우 완벽한 모습으로
우리 곁에 와 우리 손으로 들어온다.
내일은 우리가 어제에서 뭔가를 배웠기를 희망한다.

존 웨인_ 미국의 영화배우

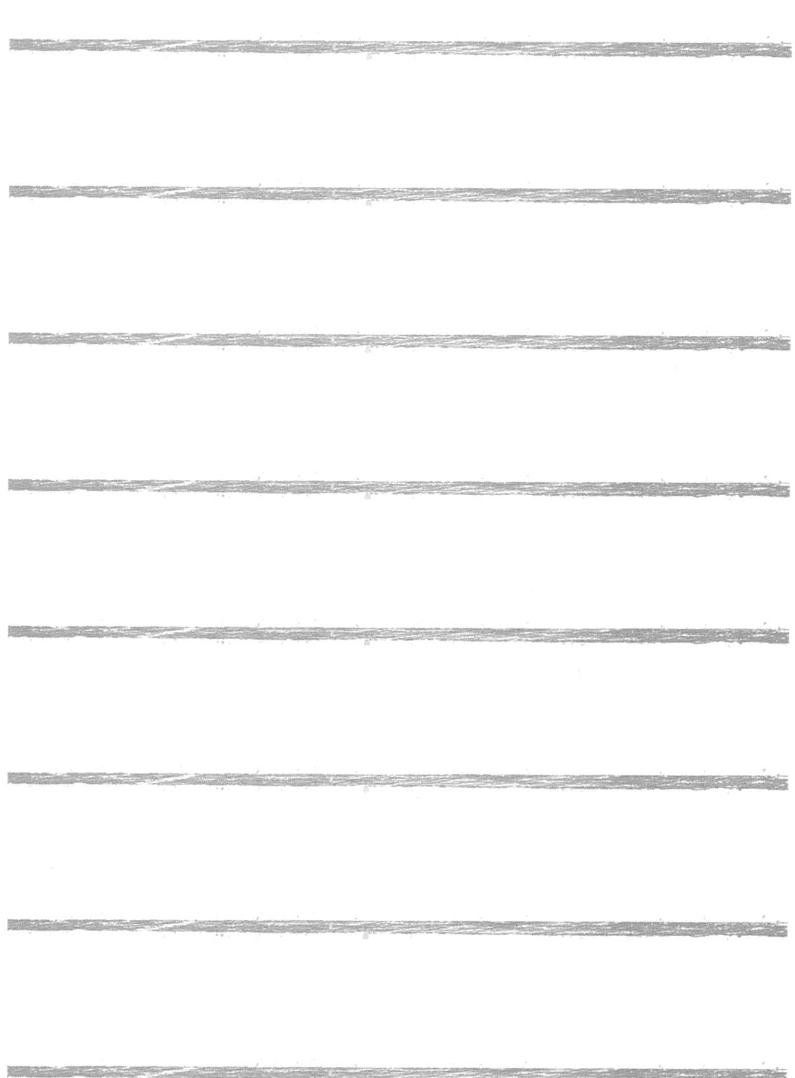

나만의 길

어느 누구도 아닌 자기만의 걸음을 걸어라.
나는 독특하다는 것을 믿어라.
굳이 누구나 몰려가는 줄에 설 필요는 없다.
자신만의 걸음으로 자기 길을 가거라.
바보 같은 사람들이 무엇이라고 비웃든지.

영화 〈죽은 시인의 사회〉 중에서

하늘을 바라보는 여유

부와 명예 같은 건 한순간에 잃어버릴 수 있지만,
행복한 마음은 잠시 사라졌다가도,
네가 살아 있는 동안 언제나 너를 행복하게 해 주리라 믿어.
외롭고 불행하다는 생각이 들면
날씨 좋은 날 맨 위층으로 올라가 하늘을 한번 봐.
두려움 없이 쳐다볼 수 있을 때까지.
네가 내적으로 성숙해서 다시 행복해지리라는 것을
알게 될 때까지 말이야.

《안네의 일기》 중에서

현재를 견디는 법

자네가 말한 것은 정말 옳았어.
내 가장 사랑하는 친구여,
만일 인간이 어째서 그런 천성을 타고났는지 알 수 없지만
부지런히 상상력을 동원하여
지난날의 불행한 추억을 되새기려 하지 않고,
오히려 현재를 태연히 견뎌 내기 위해 노력한다면,
인간의 괴로움은 훨씬 줄어들 텐데.

〈젊은 베르테르의 슬픔〉 중에서

가진 것을 소중히 여기는 마음

우리는 흔히
우리가 갖지 못한 것을 바라볼 때마다
'만일 저것이 내 것이라면 얼마나 좋을까' 하고 생각한다.
그럼으로써 자신의 결핍을 인식하며
불행해한다.
그 대신 자신이 소유한 것을 바라보며
'만일 이것을 잃어버린다면 얼마나 고통스러울까'를
생각해 봐야 한다.

쇼펜하우어_ 독일의 철학자

영원한 것은 없다

그렇다.
영락없이 이 고통도, 이 쓰디쓴 괴로움도
낡고 시들어 버릴 테지.
그리고 그것들도 잊어버리고 말 테지.
아무것도 영원하지 않다.
괴로움까지도.

《지와 사랑》 중에서

행복의 파랑새

행복을 이웃집 담 너머에서 찾는 것은
가장 어리석은 일이다.
행복의 파랑새는 자신의 추녀 끝에서 찾아야 한다.
해가 떠도 눈을 감고 있으면
어두운 밤과 같다.
마음의 눈을 뜨지 않으면
사람은 언제나 불행하다.

모리스 메테르랭크_ 벨기에의 극작가

과거는 바꿀 수 없지만
미래는 당신 손에 달렸다

느림의 가치

느린 쪽이 단지 둔한 수라면 속도에 밀릴 수밖에 없다.
솔직히 말하면
나는 능력이 부족해서 둔한 수를 잘 두고
그 때문에 초반엔 자주 밀리곤 한다.
그러나 빠른 게 꼭 좋다고 생각지도 않는다.
느림에도 가치 있는 느림이 있다.
가치 있는 느림은 속도를 따라잡을 수 있다.

이창호_ 한국의 바둑기사

눈물이 없으면

나는 가시나무가 없는 길을 찾지 않는다.
슬픔이 사라지라고 요구하지 않는다.
해가 비치는 날만 찾지도 않는다.
여름 바다에 가기를 원하지도 않는다.

햇빛 비치는 낮이 영원히 계속된다면
대지의 초록은 시들고 만다.

눈물이 없으면
마음은 희망의 봉우리를 닫는다.
인생의 어떤 곳이라도
정신을 차려 갈고 일군다면
풍요로운 수확을 거둘 수 있다.

사무엘 울만_ 미국의 시인

무엇을 남길 것인가

나는 배우처럼 연기하고 있는가,
아니면 참되게 살고 있는가.
나는 지금도 선택을 하고 있는가,
아니면 선택하기를 멈추었는가.
나는 지금 나의 머리를 자극하고
마음을 사로잡는 장소에 있는가.
나는 과거에 얽매여 있는가,
아니면 미래를 계획하고 있는가.
나는 이 지구상에 무엇을 남길 것인가.

칼리 피오리나_ 미국의 기업가

물과 같이

가장 으뜸가는 처세술은 물의 모양을 본받는 것이다.
강한 사람이 되고자 한다면 물처럼 되어야 한다.
물은 둑이 가로막으면 멎었다가
둑이 터지면 또 다시 흐른다.
네모진 그릇에 담으면 네모가 되고
둥근 그릇에 담으면 둥글게 된다.
그토록 겸손하고 양보하기 때문에
물은 무엇보다 필요하고 또 무엇보다도 강하다.

노자_ 고대 중국의 철학자

짧은 인생

인생은 짧고,
당신의 아이들이나 친구들
그리고 사랑하는 사람들이
내일도 당신 곁에 남아 있을지는
아무도 모른다.

인생은 매우 짧다.
그래서 나는 아이들을 볼 때마다
최대한 그들의 모습을 즐기고,
시간 있을 때마다
사랑하는 사람, 가족,
친구들과 함께한다.

돈 미겔 루이스_ 멕시코의 작가

푸른 여름날

푸른 여름날 저녁나절이면
나는 오솔길로 갈 거예요.
밀에 찔리며 잔풀을 밟으며
꿈꾸는 사람이 되어 발치에서 신선한
그 푸름을 느낄 거예요.
바람이 내 맨 머리를 흐트러뜨리도록
내버려 둘 거예요.

랭보_ 프랑스의 시인

기다림과 인내

겨울철에는 설대 나무를 자르지 마라.

힘겨운 상황에 처했을 때 부정적인 결정을 내리지 마라.

침울할 때 중요한 결정을 내리지 마라.

기다려라. 인내하라.

폭풍은 지나갈 것이다.

그리고 봄이 올 것이다.

로버트 슐러_ 미국의 목사

가장 중요한 것

우리는 시간을 볼 수도,
만질 수도, 붙잡을 수도 없어.
어린왕자에게 여우가 말한 것처럼,
어쩌면 '가장 중요한 것은 눈에 보이지 않는 법'이지.
그렇기 때문에 우린 더 이런 질문을 던지는지도 모르겠어.
"대체 시간이란 뭐예요?" 하고 말이야.

《모모》 중에서

인생 지도

우리는 많은 것을
시행착오를 겪은 뒤에야 깨닫는다.
이 깨달음이 모여 인생의 지도를 만들어 나간다.
결국 인생이란
지금 발을 딛고 있는 현실에 맞게
머릿속의 지도를 수정해 나가는 과정이다.

고든 리빙스턴 _미국의 정신과 의사, 작가

삶은 경주가 아니다

대부분의 사람은

삶을 마치 경주라고 생각하는 듯해요.

목적지에 빨리 도달하려고 달리는 동안

주변에 있는 아름다운 경치는 모두 놓쳐 버리는 거예요.

그리고 경주가 끝날 때쯤엔

자기가 너무 늙어 버렸다는 것을 알게 되고,

목적지에 빨리 도착하는 건

별 의미가 없다는 것을 깨닫지요.

《키다리 아저씨》 중에서

최상의 것

세상에는 변치 않는 마음과
굴하지 않는 정신이 있다.
순수하고 진실한 영혼들도 있다.
그러므로 자신이 가진 최상의 것을 세상에 주라.
최상의 것이 너에게 돌아오리라.
사랑을 주면 너의 삶으로 사랑이 모이고
가장 어려울 때 힘이 될 것이다.

마음의 씨앗들을 세상에 뿌리는 일이
지금은 헛되이 보일지라도
언젠가는 열매를 거두리라.
왕이든 걸인이든 삶은 다만 하나의 거울이 되어
우리의 존재와 행동을 비춰 줄 뿐.
자신이 가진 최상의 것을 세상에 주라.
최상의 것이 너에게 돌아오리라.

매들린 브리지스_ 미국의 시인

날마다 새롭게

노인은 생각했다.

나는 낚싯줄을 정확하게 드리우는 편이야.

다만 운이 없는 것이지.

하지만 누가 알아?

어쩌면 오늘은 운이 좋은 날일지도.

날마다 새로운데. 운이 따른다면 더 좋기는 하지.

그래도 나는 신중을 기하겠어.

운은 준비된 자에게 찾아오는 법이니까.

《노인과 바다》 중에서

희망

이 세상을 움직이는 힘은 희망이다.
씨앗이 성장하여
새로운 종자를 얻을 수 있다는
희망이 없다면,
농부는 밭에 씨를 뿌리지 않는다.
이익을 얻게 된다는 희망이 없다면
장사꾼은 장사할 수가 없다.

희망은 강한 용기이며 새로운 의지이다.
성공하는 데는 강한 용기와 새로운 의지가 필요하다.
그것들은 희망을 가질 때 갖추어진다.
강한 용기와 새로운 의지를 간직하고 싶거든 희망을 소유하라.

루터_ 독일의 종교 개혁가

소박한 기쁨

정말로 행복한 나날이란
멋지고 놀라운 일이 일어나는 날이 아니라
진주알들이 하나하나 한 줄로 꿰어지듯,
소박하고 작은 기쁨들이
조용히 이어지는 날들인 것 같아요.

《빨간머리 앤》 중에서

가슴으로만 느껴지는 행복

나는 눈과 귀와 혀를 빼앗겼지만
내 영혼을 잃지 않았기에
그 모든 것을 가진 것이나 마찬가지다.
고통의 뒷맛이 없으면 진정한 쾌락은 없다.
아름다움은 내면의 생명으로부터 나오는 빛이다.

그대가 정말 불행할 때
세상에서 그대가 해야 할 일이 있다는 것을 믿어라.
그대가 다른 사람의
고통을 덜어 줄 수 있는 한 삶은 헛되지 않으리라.

행복의 한쪽 문이 닫히면 다른 쪽 문이 열린다.
그러나 우리는 닫힌 문을 보기 때문에
우리를 위해 열려 있는 문을 보지 못한다.

세상에서 가장 아름답고 소중한 것은
보이거나 만져지지 않는다.
단지 가슴으로만 느낄 수 있다.

헬렌 켈러_ 미국의 작가, 교육가

걸을 만큼 걸으면

엘리스가 물었다.
"내가 여기서 어느 길로 가야 하는지 말해 줄래?"
체셔 고양이가 대답했다.
"네가 어디로 가고 싶은지에 달렸지."
"어디든 별로 상관없는데."
"그렇다면 어느 쪽으로 가든 무슨 문제가 되겠어."
"난 어딘가에 도착하고 싶거든."
"넌 틀림없이 어딘가에 도착하게 돼 있어.
걸을 만큼 걸으면 말이야."

《이상한 나라의 엘리스》 중에서

산들은 눈치채지 못하게 자란다

산들은 눈치채지 못하게 자란다.
그 자줏빛 모습은
시도도, 피로도 없이,
도움도, 또한 박수갈채도 없이 일어선다.
그 영원한 얼굴 속에서
태양은 크나큰 기쁨으로
오랫동안, 끝까지 산을 바라본다.
금빛에 물들 때까지.

에밀리 디킨슨_ 미국의 시인

바르고 강하게

바르고 강하게 산다는 깃.
그것은 자신 안에서 은하계를 의식하고
그에 따라 나아가는 것이다.
우리에게 필요한 것은
은하계를 포용하는 투명한 의지,
그리고 거대한 힘과 정열이다.

《은하철도의 밤》 중에서

튼튼한 이성

사람의 지각, 판단, 특이한 감정, 정신활동,
심지어 도덕적 선호와 같은 능력들도
오직 선택을 거듭하는 과정을 통해서만 단련된다.
그저 관습이 시키는 대로 따라 하기만 하는 사람은
아무런 선택도 하지 않은 것이나 다름없다.
무엇이 최선인지 구분하는,
또는 가장 좋은 것을 원하는 훈련을 하지 못하는 셈이다.
근육과 마찬가지로 사람의 정신이나 도덕적 힘도 자꾸 써야 발달한다.
그저 어떤 일을 다른 사람이 하니까 따라 한다면
자신의 능력을 발휘할 수 없을 것이다.
어떤 문제를 자기 자신의 분명한 이성적 판단에 따라
결론을 내리지 않는다면,
그 사람의 이성은 튼튼해질 수 없다.

존 스튜어트 밀_ 영국의 철학자

흔들리지 않는 목표

목표를 끝까지 관철하겠다는 집념은
기개 있는 자의 정신을 단단히 받치고 있는 기둥이며
성공의 최대 조건이다.
이것이 없다면
아무리 천재라 해도 이리저리 방황하게 되고
헛되이 에너지를 소비할 뿐이다.

필립 체스터필드_ 영국의 정치가

한 권의 책

나는 한 권의 책을 책꽂이에서 꺼내 읽었다.

그리고 그 책을 꽂아 놓았다.

그러나 나는 이전의 내가 아니었다.

앙드레 지드_ 프랑스의 소설가, 비평가

어떤 배움

우리는 지금 이 생에서 무엇을 배우느냐에 따라
다음 생을 선택한다는 것이지.
아무것도 배우지 않는다면,
그다음 생 역시 똑같은 것일 수밖에 없어.
똑같은 한계, 극복해야 할 똑같은 짐들로 고통받는.
하지만, 조나단.
넌 한 번의 생 동안 많은 배움을 얻었기에
이곳까지 이르는 데 수천의 생을 거치지 않아도 되었어.

《갈매기의 꿈》 중에서

창의성

문제는 어떻게 새롭고 혁신적인 생각을 하느냐가 아니라
어떻게 오래된 생각을 비워 내느냐다.
모든 사람의 머릿속은
케케묵은 가구로 가득 찬 건물과 같다.
한쪽 구석을 비워 낸다면
창의성이 즉시 그 자리를 메울 것이다.

메리 케이 애쉬_ 미국의 기업가

무엇으로도 대신할 수 없는 존재

나타나엘이여, 내 책을 던져 버려라.

거기에 만족하지 마라.

그대의 진리가

다른 사람에 의해 발견될 수 있으리라고 생각하지 마라.

만약 내가 그대의 양식을 찾아 준다면

그대는 시장기를 잃고 말 것이다.

그대 자신만의 태도를 찾아라.

남이라도 그대와 마찬가지로

잘할 수 있는 일이라면 하지 마라.

남이 그대와 마찬가지로

훌륭히 말할 수 있는 글, 그것은 쓰지 마라.

그리고 무엇으로도 대신할 수 없는 존재를

스스로 창조하라.

앙드레 지드_ 프랑스의 소설가, 비평가

직접 해 봐야 알 수 있는 것

무엇이든 직접 해 봐야 알 수 있다.
집을 지어 봐야 건축가라고 할 수 있고,
하프를 연주해 봐야 하피스트라고 할 수 있는 것처럼,
직접 해 봐야 그런 사람이 될 수 있다.
절제하는 행동을 통해 자기 통제력을 높이고,
용감한 행동을 통해 비로소 용감한 사람이 될 수 있다.

아리스토텔레스_ 고대 그리스의 철학자

마음한줄, 쓰다

펴낸날 초판1쇄 2015년 10월 1일
　　　　초판2쇄 2021년 11월 30일

엮은이 | 이대영
펴낸이 | 이삼영
책임편집 | 조연혜
캘리그라피 | 김은주

펴낸곳 | 별글
블로그 | blog.naver.com/starrybook
등록 | 제 2014-000001호
주소 | 경기도 고양시 덕양구 고양대로 1393, 4층 403호(성사동)
전화 | 070-7655-5949 **팩스 |** 070-7614-3657

ISBN 979-11-952143-9-6 14700

별글은 독자 여러분의 책에 대한 아이디어와 원고 투고를 기다리고 있습니다.
책 출간을 원하시는 분은 이메일 starrybook@naver.com으로 간단한 개요와 취지, 연락처 등을 보내주세요.